# Visión Juvenil Cristiana:
# Despertando al Caimán dormido

### Lucía Tercilio Díaz

Todas las citas bíblicas han sido tomadas de la versión Reina-Varela de 1960.

Impreso y distribuido por: **Trafford Holdings** Ltd.
Victoria, BC, Canadá.
Teléfono: 250-383-6864
Llamadas sin cargo: 1-866-603-7588
Email: info.es@traff ord.com
Sitio web: www.traff ord.com/es

**ISBN** 978-1-4251-8666-1
Primera Edición: 3000 ejemplares

Edición: Walter Bermudez.
Corrección: Freddy Poll Delgado y Kennia Delafe.
Diseño gráfico e ilustraciones: **VozdeZion**, LLC

Compre este libro en línea visitando www.trafford.com
o por correo electrónico escribiendo a orders@trafford.com

La gran mayoría de los títulos de Trafford Publishing también
están disponibles en las principales tiendas de libros en línea.

Aviso a Bibliotecarios: La catalogación bibliográfica de este libro se encuentra en la base de datos de la Biblioteca y Archivos del Canadá. Estos datos se pueden obtener a través de la siguiente página web: www.collectionscanada.ca/amicus/index-e.html

Impreso en Victoria, BC, Canadá.

ISBN: 978-1-4251-8666-1

*Nuestra misión es ofrecer eficientemente el mejor y más exhaustivo servicio de publicación de libros en el mundo, facilitando el éxito de cada autor. Para conocer más acerca de cómo publicar su libro a su manera y hacerlo disponible alrededor del mundo, visítenos en la dirección www.trafford.com*

*Trafford rev. 1/13/10*

**Para Norteamérica y el mundo entero**
llamadas sin cargo: 1 888 232 4444 (USA & Canadá)
teléfono: 250 383 6864 ♦ fax: 812 355 4082

# Visión Juvenil Cristiana:
# Despertando al Caimán dormido

## Lucía Tercilio Díaz

# DEDICATORIA

Primero a Dios por su amor y su misericordia, por darme las fuerzas que necesito cada día.

A mis hijos Salvador y Joel Daniel, por traer alegría y felicidad a mi vida.

A mis Padres René y Gladis por todo su esfuerzo y sacrificio para hacer de mí una mujer útil a la sociedad.

A la familia Cristiana y a toda mi familia.

A todos los Lectores.

# AGRADECIMIENTOS

A todas aquellas personas que de una forma u otra han colaborado en la realización de esta modesta obra.

Transcurría el verano del año 2008, era una mañana soleada y muy hermosa, donde muchos adolescentes de la Ciudad de Nueva York se concentraban en un pequeño parque donde se podía disfrutar de las bellezas de la naturaleza y constituía un lugar magnifico para el descanso y la meditación. No lejos de allí se encontraba una Escuela Evangélica donde muchos jóvenes después de recibir sus clases pasaban varias horas de distracción y descanso en este magnifico lugar. Precisamente ese día, dos amigos llamados Juan y Tyho estudiante de dicha Escuela conversaban acerca de sus planes futuros

y de sus nuevas metas. Mientras conversaban debajo de un árbol frondoso, se le ocurrió la idea de predicar el Evangelio a todas las Naciones. Durante algunas horas debatieron acerca de este tema, pero realmente no lograron ponerse de acuerdo ya que eran apenas muy jóvenes y no contaban con la experiencia requerida ni los recursos necesarios para tan importante proyecto. Estuvieron analizando sobre el tema hasta bien entrada la noche. Luego, decidieron ir a dormir ya que al día siguiente ambos tenían que preparar un resumen acerca de la influencia del Evangelio en la conducta de las nuevas generaciones en los tiempos tan difíciles que hoy vivimos.

Mientras dormían, Juan tuvo una visión un Ángel del Señor le mostraba un pequeño Caimán que estaba profundamente dormido.

Supuestamente la misión de Juan era llegar hasta él y despertarlo. Al día siguiente, al levantarse, llamó a su buen amigo para contarle lo sucedido. Mientras le narraba todo acerca de la visión Tyho respondió:

—Oh… y ¿Qué vas    hacer? Recuerda que debes orar y buscar la dirección del Espíritu Santo para que te guíe.

**Por lo cual dice:**

**Despiértate tú que duermes,**

**Y levántate de los muertos,**

**Y te alumbrará Cristo.**

*Efesios. Capitulo 5 versículo 14.*

—Sí, tienes razón— dijo Juan afirmando con la cabeza— debe de haber algún mensaje importante y seguramente la ayuda del Espíritu Santo me guiará.

Durante el tiempo de oración Juan le pedía que le mostrara todo lo concerniente acerca de la visión, así fueron pasando los días y una mañana mientras oraba comenzó a alabar y a glorificar el nombre de Jesús. De pronto el Espíritu Santo vino sobre él y le mostró, una preciosa Isla del Caribe en forma de un Caimán dormido.

Al día siguiente, después del desayuno, fueron a jugar en la vecindad. Allí conocieron nuevos amigos que hasta ese momento nunca habían escuchado hablar acerca de la palabra de Dios. En ocasiones durante el juego, Juan y Tyho no perdían oportunidad de mostrarles las maravillas del Reino de Dios a través de la palabra a sus amigos; pero éstos, aunque no muy convencidos, no quisieron perder la oportunidad de escucharlos. Mientras jugaban, Sara la tía de Juan, dueña de la casa de campo donde se encontraban pasando sus vacaciones, los llamó.

—Juan, Tyho, vengan, vamos a estudiar la Biblia.

Como niños obedientes entraron al salón de estudios. Fue tanta la admiración que causo en estos niños escuchar hablar a Juan y Tyho que apenas se percataron hacia donde se dirigían, como obra del Espíritu Santo, los siguieron al llamado de la tía. Mientras estudiaban, los niños se acercaron a la ventana del salón de estudio para escucharlos hablar acerca del Reino de los Cielos y sus acontecimientos. Benjamín, el esposo de la tía Sara, estaba sentado en la sala de la Casa con la abuelita Martha, cuando ésta vio a los niños escuchando por la ventana les dijo:

— ¡Niños, por favor! no interrumpan, acaso no se dan cuenta que están estudiando. Vayan para sus casas y regresen luego.

Muy tristes, cuando se proponían abandonar aquel lugar, Juan al ver lo sucedido poniéndose de pie muy apenado, expresó:

—Abuelita Martha, recuerdas...

**Mas Jesús, llamándolos, dijo: Dejad a**

**Los niños venir a mí, y no se lo impidáis;**

**Porque de los tales es el reino de Dios.**

*Lucas, capítulo 18, versículo 16.*

La abuelita Martha, al igual que el tío Benjamín, se quedaron atónitos al escuchar hablar a Juan. Ella se disculpó con él, salió al patio y llamó a los niños, los cuales regresaron muy alegres y uniéndose a ellos formaron un pequeño grupo. De inmediato continuaron con el estudio de la palabra, mientras Juan leía en el libro del profeta Joel, donde dice:

**Y después de esto derramaré**

**mi  espíritu sobre toda carne,**

**y  profetizarán vuestros hijos y vuestras**

**hijas;  vuestros ancianos soñarán sueños,
y  vuestros jóvenes verán visiones.**

*Joel, Capítulo 2, versículo 28.*

Mientras leía, Juan con ojos iluminados, yergue su cabeza acordándose de la visión que había tenido. Después de meditar varias veces preguntó:

— ¿Niños, sabían ustedes que a noventa millas al sur del Estado de La Florida, se encuentra una hermosa Isla que debido a su forma geográfica se asemeja a un Caimán dormido?

Los miembros del grupo, visiblemente desconcertados con la

interrogante, se miraban unos a otros sin decir nada. Juan, impresionado, volvió a preguntar lo mismo, pero no hubo respuesta. Entonces añadió:

— ¡Jesucristo está en la puerta y él durmiendo se encuentra!

— ¿Quién es ese Caimán que duerme?— finalmente preguntó Tyho igualmente confundido.

— ¿Alguna vez han escuchado hablar de un Archipiélago? — Juan preguntó una vez más.

— ¡Nooo!— Respondió el pequeño grupo con una gran interrogante y sorprendidos al mismo tiempo.

— ¿Qué es un Archipiélago?—preguntó Pedro, uno de los nuevos integrantes del grupo— ¡por favor, dinos ya!

—Un archipiélago no es más que la agrupación de varias Islas y Cayos en una misma zona geográfica. La Enciclopedia Wikipedia plantea que es una cadena o un conjunto de Islas. ¿Han escuchado hablar acerca del Archipiélago Cubano?— preguntó Juan con cara de que conoce mucho acerca de lo que habla.

—Creo que algunos de los aquí presentes hemos escuchado algo sobre la Isla de Cuba, pero muy poco sobre el Archipiélago Cubano— respondió Tyho deseoso de conocer más añadiendo. — ¿Podrías hablarnos sobre él?

—Claro que si. —Contestó y continuó explicando. —El archipiélago Cubano se encuentra ubicado entre el Mar de Las

Antillas o Mar Caribe, el Golfo de México y las aguas atlánticas. Está compuesto por unos mil seiscientos cayos e Islas de las cuales, las más extensas es la Isla de Cuba que a su vez es la mayor de Las Antillas. La Isla de la Juventud, antes también nombrada Isla de las Cotorras o Isla de Pinos, también es parte del archipiélago Cubano. El archipiélago se extiende desde la Punta de Maisí, en el extremo oriental, hasta el Cabo de San Antonio, en el extremo occidental. Posee una extensión territorial de 110 922 kilómetros cuadrados, de los cuales 105 007 corresponden a la Isla de Cuba, 2 200 a la Isla de la Juventud y los restantes 3 715 a las Isletas y Cayos—expresó—. Dada su densa y verde vegetación se le conoce como el "Verde Caimán" o "El Caimán Dormido" —continuó explicando—, por semejar su configuración a dicho Reptil mientras duerme; tal y como lo refleja la poetiza cubana Mirta Aguirre en uno de sus versos del poema "La Tierra En Que Yo Nací".

La tierra en que yo nací
La tierra en que yo he crecido,
Parece un Caimán dormido
De San Antonio a Maisí.

Y tengo la misión de llegar hasta el Caimán y despertarlo espiritualmente, pues estoy seguro que allí encontrare tesoros muy valiosos para el pueblo del Señor. —concluyó con voz segura.

— ¡Es una magnífica idea! —contestó Tyho, agregando—Jesucristo dijo:

**Id por todo el mundo y predicad**

**el evangelio a toda criatura.**

*Marcos, capítulo 16, versículo 15.*

Juan se acerco a su amigo Tyho para proponerle que le acompañara en ese inesperado viaje. Para Tyho fue una gran sorpresa la propuesta de Juan, pero tenía que consultarlo con sus padres antes de tomar cualquier decisión ya que ellos estaban planificando en el verano viajar a Cambodia, su país de origen, para visitar a la familia. En hora de la noche mientras cenaban, Juan hablo a los presentes acerca de la visión, cual era la responsabilidad que el Señor le había encomendado y como podrían ayudarle a viajar hasta la isla. Todos se quedaron muy pensativos meditando en lo que había dicho Juan y de como ayudarle a resolver el problema. Al día siguiente la abuelita Martha se reunió con Benjamín y la tía Sara para ver de qué forma podrían cooperar con Juan y ayudarle a solucionar este acontecimiento tan importante en la vida de él. Luego de concluir la pequeña reunión, Juan fue llamado al salón de estudio para comunicarle cual era el método que utilizarían para ayudarle con tan importante tarea. La abuelita Martha poniéndose de pie dijo:

—Como siervos del Señor Jesucristo nuestra tarea es trabajar para su obra. Organizaremos un pequeño grupo y viajaremos juntos a esa preciosa Isla.

Después que Tyho habló con sus padres le dieron el permiso para viajar en compañía del grupo. Todos estaban muy felices. El momento no lo hizo esperar y muy entusiasmado le comunicó a Juan su decisión final.

—Pues comencemos nuestra misión de descubrimiento—dijo Juan muy contento—, ¡despertemos al Caimán!

De inmediato comenzaron los preparativos para el viaje. La abuelita Martha llamo a una agencia de viajes y compró los boletos de Avión. La tía Sara y su esposo Benjamín, comenzaron a preparar el equipaje, mientras los otros organizaban Biblias, tratados, folletos, camisetas, CDs, y algunos regalos que debían llevar. De pronto, Tyho muy entusiasmado preguntó:

—Abuelita Martha, ¿cuándo iremos de viaje?

—El próximo Domingo, 5 de agosto, a las 10:15 A.M., estaremos en el aeropuerto de Toronto, Canadá. Nuestro vuelo será el 181 de Cubana de Aviación con destino a la Habana, Cuba.

— ¡Urraaah! ¡Qué bueno! gloria a Dios— respondieron los demás niños que se encontraban allí presente ayudando a organizar los equipajes de sus amigos que muy pronto emprenderían este hermoso viaje.

Mientras continuaban los preparativos para el viaje, durante la semana, Juan y Tyho no salieron a jugar. Como niños obedientes comenzaron a orar y a estudiar la palabra de Dios para que el Señor los guíe durante su misión en Cuba. Una vez terminados los preparativos y listos para el viaje, todos los integrantes del grupo se reunieron en el salón de estudio. Benjamín, dio las instrucciones y explico todo lo referente a éste. Luego, dijo:

—Hoy en la madrugada partiremos para Canadá en mi Camioneta.

Muy contentos por el viaje, nadie durmió. La tía Sara se encargó de revisar los documentos para que éstos estuvieran en orden. Muy temprano salieron en dirección a Canadá, sitio desde el cual tomarían un avión con destino a La Habana. Este primer trayecto de su largo viaje pasó de forma muy natural, pues estaban recorriendo una ruta muy conocida para ellos; ya que en reiteradas ocasiones habían visitado Canadá. Sentían que la verdadera emoción del viaje les embargaría una vez que alzaran vuelo desde Canadá.

Al arribar a Toronto, en dicho país, se dirigieron directamente al aeropuerto, ansiosos por tomar rumbo a Cuba. Ya en la terminal aérea, Benjamín y la abuelita Martha se ocuparon del equipaje, mientras, el resto del grupo desayunaba. Después del desayuno pasaron al salón de espera, donde permanecieron unos 40 minutos. Entre tanto se escuchó una voz:

— "Pasajeros del vuelo 181 de Cubana de Aviación con destino a La Habana, Cuba, favor de presentarse a las taquillas número 1, 2, 3, y 4".

Muchas serían las personas que viajarían en el mismo vuelo. La abuelita Martha se encargó de orar pidiéndole al señor por todos los viajeros que irían en el avión. El asiento de Juan era el número 28V, al lado de la ventanilla, por la cual miraba ansioso en espera de la partida. De pronto, el avión comenzó a calentar los motores. Después de unos instantes empezó a desplazarse por la pista y finalmente a despegar. En ese momento sintió un extraño frío en su estómago, estaba un poco nervioso, pero confiado en el Señor. Al rato quedó ligeramente dormido, cuando despertó estaban volando a una inmensa altura. Miró por la ventanilla y pudo ver como las nubes blancas se enseñoreaban por debajo del avión, era algo maravilloso, parecía estar volando por encima de otro cielo. Emocionado, cerró los ojos intentando atrapar para siempre en su mente aquella imagen paradisíaca. Entonces comprendió de cuán poderoso es el Señor al haber creado todas las cosas hermosas que desde esa altura alcanzó a observar. Siguió mirando en derredor cuando, de pronto, apareció la señal de abrocharse los cinturones, estaban pasando por una zona peligrosa. El avión se agitaba con fuerza desacostumbrada, de un lado para el otro con movimientos muy rápidos, lo que indicaba que estaba atravesando un área turbulenta. Pensó que la nave se caería.

—¿Qué sucede Benjamín?— Tyho muy asustado preguntó.

—Estamos sobre volando una zona peligrosa—respondió éste—, pero no temas, el Señor tiene todo bajo control.
Minutos más tarde, todo volvió a la normalidad y superado el susto, quedaron todos placenteramente dormidos durante varias horas, hasta que su grato descanso se vio súbitamente interrumpido por el sonido del altavoz que decía:

—"Damas y caballeros, dentro de breves minutos estaremos aterrizando en el Aeropuerto Internacional José Martí de la Capital Cubana, La Habana. Favor de abrocharse los cinturones.

Una vez más, el cambio repentino de altura, esta vez de forma descendente, provocó sensaciones de frío en los estómagos de los viajeros. Cuando el avión aterrizó, posando las ruedas de su tren de aterrizaje, todos los pasajeros aplaudieron en señal de agradecimiento. Mientras, los integrantes del grupo dieron gracias a Dios por protegerlos durante el viaje. Al entrar en la terminal aérea, los funcionarios de Inmigración legalizaron sus documentos los cuales necesitarían durante el tiempo que debían permanecer en Cuba. Luego, pasaron a la aduana y recogieron sus equipajes. Seguidamente, el grupo se colocó al final de la fila en la cual hubieron de permanecer casi dos horas hasta tanto chequearan sus equipajes y pagaran el impuesto aduanal requerido.

Al salir del aeropuerto nuestros amigos eran esperados por dos hermanos de la Iglesia, Pedro y José, quienes fungirían como sus guías. Se trasladaron a la casa pastoral de la Iglesia "Asamblea de Dios", en la Ciudad de la Habana. Allí fueron recibidos con mucho amor y cariño por personas cordiales, amables y sonrientes. Acto seguido les fueron presentados todos y cada uno de los miembros de esta familia. El pastor Isaac y su esposa Ramona, su hijo Joel Daniel, su sobrina Catherine y su perro Yony. Luego les mostraron las habitaciones donde pernoctarían durante su estancia en Cuba, las cuales estaban ubicadas encima de la primera planta. Tyho y Juan compartirían una misma habitación en aquella acogedora casa. Agotados por el viaje, decidieron descansar de inmediato, una vez que tomaran un baño. Hecho esto, mientras descansaban tirados en sus lechos, se les ocurrió una idea, comenzarían a preparar su plan de actividades a escondidas, sin que nadie los interrumpiera. A las 7:00 de la noche bajaron a comer con una sonrisa cómplice dibujada en sus rostros. Sentados a la mesa, la comida se veía deliciosa. Habían servido diferentes platillos y postres, muchos de ellos propios sólo de la tradición culinaria cubana, por lo que se tornaban extraños, pero agradables a sus paladares. La hermanita Catherine oró por los alimentos. Comenzaron a comer y Yony, el perro de la casa, no se apartaba de Juan en ningún momento esperando así una pequeña recompensa por sus múltiples caricias. Finalizada la comida regresaron a la sala de la casa donde conversaron durante un largo rato sobre temas de diversa índole, decidiendo luego ver la conmovedora película, "La pasión de Jesús" .Una vez visto el filme, bostezando soñolientos, se dirigieron a dormir. La tía Sara puso la alarma para las 5:00 AM, pues quería comenzar su quehacer bien temprano en la mañana.

Puntualmente el timbre del reloj se dejó escuchar a la hora fijada con un sonido tan penetrante que despertó a todos en la casa, incluyendo a Yony, quien mostró su desagrado gruñendo casi imperceptiblemente mientras daba tres vueltas sobre sí mismo y volvía a retomar su sueño. De forma casi inmediata todos los integrantes del grupo se levantaron, se dieron una ducha y comenzaron a orar, teniendo por ley lo que Jesucristo dijo:

**En aquel día no me preguntaréis nada.**

**De cierto, de cierto os digo, que todo cuanto**

**pidiereis al Padre en mi nombre, os lo dará.**

*Juan, capítulo 16, versículo 23.*

Al terminar su plegaria, todos al unísono, se encaminaron a degustar el desayuno que gentilmente les habían preparado sus anfitriones. En tanto, el pastor Isaac esperaba por el grupo en la Iglesia para comenzar su trabajo misionero. En un santiamén, todo aquel abundante desayuno que había sido colocado sobre la mesa fue engullido como por arte de magia por los visitantes. Estaban deseosos de comenzar a cumplir la misión que le había sido revelada a Juan. Se encaminaron directa e inmediatamente a la Iglesia. Al llegar frente al pastor Isaac se ubicaron alrededor de éste.

—¿Cómo vamos a hacer el trabajo?—preguntó Tyho—, solo quedan 15 días de vacaciones.

—Tengo una idea—respondió el pastor Isaac— para que el trabajo tenga mayor resultado, esta semana durante el día visitaremos el centro de la ciudad, repartos, caseríos, barrios y todos los lugares que puedan ser visitados.

Tyho y Juan se miraron simultáneamente con ojos relampagueantes y un gesto de asentimiento entre ellos fue clara expresión de que la idea expresada por el pastor coincidía a plenitud con lo que ellos habían planeado a solas en su habitación mientras descansaban.

—Entregaremos tratados, folletos, casetes y CDs con predicaciones. Además, hablaremos con niños, jóvenes y personas de todas las edades —continuó diciendo el pastor Isaac.

—Estoy de acuerdo con Isaac —reconoció la abuela Martha—, nuestra misión es predicar El Evangelio y de esta forma, miles de personas se salvarán.

Pedro, José, la tía Sara, Benjamín y Catherine salieron a recorrer el Casco Histórico de la Ciudad y La Habana Vieja. Allí hablaron de la palabra de Dios a todas las personas que pasaban a su alrededor, repartiendo tratados y folletos con predicaciones. Isaac, Tyho, la abuelita Martha, el niño Joel Daniel y Juan se quedaron en el reparto Marianao cumpliendo el mismo cometido. Junto a cada medio entregado se hacía la invitación a las personas a que visitaran la Iglesia. El trabajo no era muy fácil debido a la falta de recursos materiales que allí existía; y ni siquiera contaban con un automóvil para trasladarse de un lugar a otro por lo que debían caminar varias cuadras hasta llegar a la parada del autobús. Pero tampoco era muy difícil, pues dice la palabra de Dios:

**Todo lo puedo en Cristo que me fortalece.**

*Filipenses, capítulo 4, versículo 13.*

A las 12:45 de la tarde regresaron a la casa pastoral extenuados de tanto camino recorrido, pero satisfechos por el deber cumplido. En victoria, fue un día lleno de bendiciones. Después de saborear un delicioso almuerzo, se sentaron a la sombra de un árbol de mango en el patio de la casa, a narrar sus experiencias y a expresar su admiración por la bella ciudad de la Capital Cubana. Hablaron del calor de la gente y de cómo aceptaron complacidos los materiales de estudio entregados. Ilustraron a su vez, la posibilidad de ver llena la Iglesia con nuevos hermanos después de tanto contacto y aceptación durante su recorrido. Todo estaba sucediendo como habían pensado y se sentían orgullosos de su arduo trabajo.

La hermanita Catherine se acercó al grupo para invitar a Juan y Tyho a asistir a un campamento de jóvenes durante los días miércoles, jueves, y viernes, pero antes debía hablar con las personas mayores precedentemente de tomar cualquier decisión. Al comentarlo Juan con la tía Sara y Benjamín, comprendió que era la mejor oportunidad para llevar a cabo el plan de Dios y poder testificar las grandezas de nuestro Señor Jesús.

Mientras tanto, en la Iglesia del pastor Isaac los cultos se desarrollaban tres veces por semanas, los miércoles, viernes y domingo. El martes en la noche el pastor fue invitado a predicar en una Iglesia Pentecostal ubicada en el Vedado. Su esposa Ramona, la abuelita Martha, la tía Sara y su esposo Benjamín les acompañaron, mientras que el resto del grupo preparaba su viaje al campamento. Al siguiente día, a las 10:00 AM, comenzaron a llegar los jóvenes a la Iglesia del pastor Isaac. Para Tyho, al igual que para Juan, fue una gran sorpresa enterarse que la hermanita Catherine era la organizadora y líder de dicho evento.

Listos para el campamento, el pastor Isaac pasó al frente de los jóvenes y les presentó el grupo de hermanos extranjeros que estarían compartiendo con ellos durante su viaje misionero a Cuba. Fueron bien acogidos por los hermanos de las diferentes Iglesias quienes honraron la palabra de Dios:

> **…así nosotros, siendo muchos,**
>
> **somos   un Cuerpo en Cristo,**
>
> **y   todos miembros los Unos de los otros.**
>
> *Romanos, capítulo 12, versículo 5.*

Salieron para el campamento donde se desarrollaría un amplio plan de actividades. El miércoles en la noche, el presidente de los jóvenes de la Iglesia del pastor Isaac predicó un mensaje donde hablaba del primer viaje misionero del Apóstol Pablo, Hechos, Capítulo 13. El mensaje fue una bendición de Dios. Esa noche, después del mensaje, la hermanita Catherine cantó, acompañada de su guitarra para todos los presentes el coro "Misioneros somos en Cristo Jesús". Fue algo maravilloso, el poder de Dios se movía en aquel lugar. Dios estaba allí. Fue entonces cuando Juan se dio cuenta que tanto él como Tyho y los demás integrantes del grupo eran misioneros del señor y estaban cumpliendo con su trabajo. Al rato, la hermanita Catherine se le acercó para decirle que necesitaba que les hablara a los jóvenes el jueves en la noche. Después de terminadas las actividades regresaron todos a sus respectivas casas de campaña. Juan comenzó a orar y a pedirle a Dios para que el Espíritu Santo le guiara y tomara el control absoluto de todo lo que aconteciera mientras dirigiera sus palabras a los jóvenes el jueves en la noche.

En la mañana y la tarde del jueves hubo muchas actividades. Tyho impartió talleres en los que exhortó a los jóvenes a trabajar en el campo misionero. El impacto fue muy grande al escuchar a Tyho hablar, pues era su segundo viaje. En otra ocasión había visitado a Costa Rica donde participó en muchas actividades cristianas, a pesar de no ser hispano.

—Nuestro señor no hace excepción de personas, cuando nos llama debemos ser obedientes y acudir a su llamado, pues para él nada es imposible— expresó Thyo con sabiduría.

En la noche del jueves a las 7:30 PM comenzó el devocional. Después de éste, la hermanita Catherine presentó a Juan como el predicador de la noche. El tema del mensaje era "Tiempo para Dios". Todos abrieron sus Biblias en el libro del Profeta Joel, capítulo 2, versículo 28. Los jóvenes oraron para que el Espíritu Santo tomara control y derramara su poder y su gloria en aquel lugar. Mientras predicaba para los jóvenes y adolescentes de este tiempo acerca de la profecía de Dios, a través del Profeta Joel, Juan testificaba sobre la visión que había contemplado.

—Mientras dormía, un Ángel del Señor me mostró a Cuba en forma de un Caimán dormido, dándome la misión de venir aquí a despertarlo espiritualmente. Por eso hoy nos encontramos en este campamento predicando su palabra. Cristo viene pronto y es tiempo de que nosotros le demos a él lo que verdaderamente merece. En esta noche con el poder y la autoridad que se me ha dado a través del Espíritu Santo para predicar su palabra— continuó—, exhorto al pueblo de Dios, a su remanente firme y fiel, a los escogidos y a todos los Santos del Señor, a que tomen las armaduras que nuestro Señor Jesucristo a puesto en nuestras manos.

**Vestíos de todas la armadura de Dios.**

**Para que podáis estar firmes contra las ase**

**chanzas del diablo.**

**Por que no tenemos luchas contra sangre**

**y carne, sino contra principados, contra**

**potestades, contra los gobernadores de las**

**tinieblas de este siglo,**

**contra huestes espirituales de**

**maldad en las regiones celestes.**

**Sobre todo, tomad el escudo de la fe,**

**con que podáis apagar todos los dardos de**

**fuego del maligno.**

**Y tomad el yelmo de la salvación, y la**

**espada del espíritu, que es la**

**palabra de Dios.**

*Efesios, capitulo 6, versiculo 11, 12, 16 y 17.*

Después del mensaje comenzaron a ministrar. Tyho y el grupo de alabanza cantaron el coro que dice: "La gloria de Jehová llegó al Sinaí y aquel monte temblaba porque Dios estaba allí". Verdaderamente Dios estaba en aquel lugar, derramando su poder y su espíritu sobre cada uno de los presentes. El Espíritu Santo fluía de una manera especial. Los jóvenes danzaban, otros hablaban lenguas, oraban los unos por los otros. Esa noche el poder de Dios se vertió en aquel lugar con la fuerza de un río. Una vez terminado el programa de la noche se dirigieron alegres hacia sus respectivas casas de campaña a descansar, pues era ya muy avanzada la noche.

Al día siguiente continuaron las actividades con igual ímpetu. Se comenzó el matutino a las 5:00 AM de la mañana con un tiempo de oración, a las 7:30 AM efectuaron el desayuno. Luego, Juan se dirigió hacia una casa de campaña donde comenzó un estudio bíblico para los jóvenes acerca del Apóstol Pablo. Reflexionando más adelante llegaría a la feliz conclusión de que gracias a este viaje tuvo una experiencia maravillosa al tener la oportunidad de conocer misioneros internacionales y nacionales, y todos siervos de Dios que día a día luchan por mantener la obra del Señor.

El viernes en la noche el culto fue de alabanza y testimonio. Muchos jóvenes testificaban acerca de cuán grande es el Señor. Otros le daban las gracias por haber permitido que el grupo de Juan y Tyho estuviera allí y que les dirigiera su palabra a través de las predicaciones y testimonios de éstos. Tyho dio gracias a Dios por permitirle salir de los Estados Unidos en una misión Evangélica hacia Cuba en su nombre. Mientras, Juan daba gracias al Señor por todas las cosas que habían sucedido durante su estancia en el campamento y por las que aún faltaban por suceder.

El sábado al medio día regresaron a la Ciudad ya finalizada su estancia en el campamento. A su regreso, no había nadie en la casa, estaban con su labor misionera por las calles de la ciudad. En tanto, el recién llegado grupo, junto a la hermanita Catherine, se dedicó a ensayar los canticos que serían entonados al día siguiente en el devocional de la Iglesia, en lo que llegaban los miembros de la casa.

Después de los ensayos se fueron a descansar, pues se sentían bastante agotados.

El domingo, a las 5:00 AM, los levantó la tía Sara para comenzar el culto de oración. En ayuno fueron para la Iglesia, como sucede todos los domingos. Allí participaron en la Escuela Dominical sin olvidar que esta es una de las actividades más importante en las Iglesias. En esta actividad se imparten clases y estudios bíblicos en los diferentes departamentos y tanto los niños y Jóvenes como adultos cada domingo adquieren conocimiento y sabiduría acerca de las sagradas escrituras. En la noche, a la hora del culto, el pastor Isaac entregó el servicio al grupo de visitantes. La abuelita Martha los presentó delante del resto de la congregación. Ellos serían los encargados del devocional. Algunos hermanos los acompañaron tocando los instrumentos. Todo fue un éxito, había unción y poder de Dios. Después del devocional, Juan pasó al frente de la congregación y testificó acerca de su visión y el por qué de su viaje a Cuba. Muchos hermanos se mostraban sorprendidos pues no podían entender por qué Juan, siendo un niño de sólo 13 años, hablaba con tanta sabiduría acerca de la palabra de Dios y el Señor le mostraba tantas cosas acerca del reino divino. Mientras testificaba acerca de su visión, le explicaba a la congregación como Dios utilizo a los profetas y al niño Jeremías en especial, para hablarle al pueblo de Israel.

—Cuando Dios lo llamo para que le hablara al pueblo de parte de él Jeremías dijo:

**Y yo dije: ¡Ah! ¡ah! Señor Jehová! He**

**aquí, no se hablar, porque soy niño.**

**Y me dijo Jehová: No digas: Soy un**

**niño; porque a todo lo que te envié iras**

**tu, y dirás todo lo que te mande.**

**No temas delante de ellos, porque**

**contigo estoy para librarte, dice Jehová.**

**Y extendió Jehová su mano y toco mi**

**boca, y me dijo Jehová: He aquí he**

**puesto mis palabras en tu boca.**

*Jeremías capitulo 1 versículo 6 ,7,8 y 9*

Benjamín era el encargado de predicar. Esa noche trajo un corto mensaje acerca de la unidad en el pueblo de Dios para estos tiempos; ya que en los momentos tan difíciles que hoy vivimos, el pueblo de Dios necesita cada día estar más unido que nunca. Y ese amor que el Señor nos ha dado lo pongamos en práctica, sin olvidar el amor al prójimo que tanto lo necesita; recordando siempre que Dios es amor. El mensaje fue de bendición para la Iglesia ya que muchos de los visitantes esa noche decidieron aceptar al Señor Jesucristo como su único salvador. Después del culto la abuela Martha entregó la ofrenda, al igual que los regalos. Los hermanos estaban muy contentos y daban gracias a Dios por haberlos bendecido nuevamente. Acto seguido, nuestros amigos se despidieron de la congregación junto al Presidente de los jóvenes. La hermanita Catherine, Tyho, Juan y algunos miembros del grupo de alabanza, se reunieron para organizar un encuentro con los jóvenes de diferentes Iglesias; el cual sería en la tarde del martes. Finalizada dicha reunión se dirigieron a dormir.

Después del momento de oración, temprano en la mañana, el pastor Isaac los llevó a visitar algunos hermanos de otras Iglesias. Juan, al igual que Tyho aprovecharon la oportunidad para invitar algunos jóvenes a que participaran en la actividad y compartieran junto a su grupo en la tarde noche del martes. De regreso a la casa pastoral, el pastor Isaac los invito a conocer algunos lugares de La Capital Cubana que constituyen obligada referencia para cualquier visitante; todos asintieron sin chistar. La Habana Vieja y El Castillo del Morro, pletóricos de historia, se mostraron ante ellos con la elegancia propia de su arquitectura. El novio de la Bahía, el Malecón Habanero, sempiterno espacio de enamorados y trovadores trasnochados, les resultó inusitadamente bello. Un agradable clima les acompañó durante todo su recorrido. El tiempo, aletargado, era su cómplice. En horas de la tarde regresaron a la casa pastoral, casi sin detenerse salieron al patio con la hermanita Catherine y Joel Daniel. Estos ensayarían un drama para el culto del miércoles en la noche.

El martes, todos se quedaron en la casa preparando la actividad mientras, Catherine ensayaba con su guitarra. Al atardecer comenzaron a llegar a la Iglesia los jóvenes que participarían en el evento. Una vez todo listo, el Presidente de los jóvenes le dio lectura a la palabra. Tyho y Juan, junto al grupo de alabanza, pasaron al frente, oraron, y así comenzó un excelente devocional que duró aproximadamente una hora. Fue algo bello, los hermanos se regocijaron. Tyho y Catherine cantaron el coro que dice "Fuego ha bajado del cielo". Todos los presentes en aquel lugar reconocieron que verdaderamente el fuego de Jehová estaba descendiendo sobre cada uno de ellos; Dios estaba visitando a su pueblo. Luego se le entregó la parte a la tía Sara. Ella era la invitada para platicarle a los jóvenes y demás presentes esa noche. Ella trajo un corto mensaje acerca del amor y la unidad en el pueblo de Dios, pues al parecer el pueblo de Dios cada día carece de estos valores, que son tan imprescindibles en el pueblo del Señor. Todos estaban muy pendientes a cada una de las palabras dichas por la tía Sara. Los Jóvenes se mostraron muy entusiasmados y dispuestos a luchar para que la unidad y el amor en el pueblo de Dios en la Isla de Cuba, siempre este presente en todas las congregaciones; y de esa manera, reine la paz, la esperanza y la prosperidad espiritual en el pueblo. El mensaje fue una bendición divina. Dios estaba llamando a su pueblo a unirse. A la hora del llamado muchos Jóvenes y adultos pasaron al frente y aceptaron a Jesucristo como su único salvador. Éste era el objetivo principal de esta visión de Juan, despertar aquellos que estaban dormidos espiritualmente en la Isla. La parte de la ministración fue algo fantástico. Catherine y Juan entonaron el canto que dice "Dios está aquí". Su presencia fue real, verdaderamente

Dios estaba ahí. Su espíritu fluía de una forma muy especial. Toda la Iglesia se puso en pie y comenzaron a cantar y a danzar juntos a ellos. Muchos Jóvenes esa noche recibieron la promesa del Espíritu Santo, el poder de Dios se derramo sobre ellos y comenzaron a hablar nuevas lenguas. Un silbo apacible inundó aquel lugar. Algo imperecedero ocurrió allí, en esa inolvidable noche durante todo el tiempo que duro la ministración. Después que termino el servicio, un grupo de jóvenes y adultos en compañía de los visitantes y junto al pastor Isaac, se dirigieron a un pequeño bosque que se encuentra muy cercano a la Iglesia. Allí hicieron una gran fogata y comenzaron una vigilia. Después de orar la abuelita Martha comenzó con una cadena de intersección y guerra espiritual. Comenzaron a interceder y a clamar, a gran vos, por la Isla de Cuba desde la punta de Maisí hasta el cabo de San Antonio. El Espíritu Santo comenzó a fluir en este lugar mientras pedían y rogaban al Señor que en su inmensa misericordia sea Él quien tome el control absoluto sobre la Isla, que el Espíritu Santo rompa todas las cadenas y ataduras que no dejan avanzar espiritualmente ni prosperar ese país, que con su poder y su gloria derrame una unción fresca y quite toda ceguera espiritual y dé discernimiento y sabiduría para que su pueblo pueda ver y escuchar lo que Él tiene y quiere para ellos en estos tiempos. Finalizado el tiempo de la abuelita Martha el grupo de hermanos visitantes tomo el control de esta actividad. Prepararon una dinámica para mantener la vigilia activa donde organizaron dos bandos, uno azul y el otro rojo. Cada uno contaba con 18 miembros. El líder del bando azul era Isaac y el del bando rojo Benjamín. Mientras, Juan y Catherine tenía cada uno en una pequeña caja un cuestionario con preguntas y respuestas para cada bando. Cada pregunta tenía un valor de 100 puntos y cada participante contaba con un tiempo record de un minuto para responder. Pasado el tiempo si no había respondido debía pasarlo al bando contrario.

Comenzó el juego, era algo muy divertido he instructivo ya que ambos estaban obteniendo conocimiento acerca de la palabra. En ocasiones se escuchaban algarabías de un bando hacia el otro. Todos estaban muy entusiasmados y ambos grupos participaban con frecuencia. Concluida la dinámica ambos bandos quedaron empatados, por lo que la tía Sara sugirió un desenlace. Éste consistía en que en un tiempo de cinco minutos cada bando debía decir quince versículos de la Biblia; finalizando como ganador el bando azul. Al escuchar los resultados el abucheo no se hizo esperar por el bando contrario. Benjamín muy contento, aun perteneciendo al bando perdedor, con una sonrisa de gratitud dijo:

—Doy gracia a Dios en esta noche por este tiempo tan hermoso en el que hemos podido compartir su palabra. Quiero decirle a mi grupo que aquí no hay perdedores; nuestra meta es alcanzar almas para el Señor. Los invito a que se pongan de pie y canten con migo esta canción, la cual quiero dedicarle al Señor en esta noche por estar muy agradecido de Él. Por favor cantemos todos.

Comenzaron a cantar con gratitud la canción que dice: *gracias, gracias señor, gracias mi señor, Jesús.* Repitieron varias veces esta alabanza al señor sintiendo que ese tiempo fue algo sensacional; el poder y la unción que había en aquel lugar era algo muy especial en esa sorprendente he inolvidable noche de vigilia. Continuaron las alabanzas y adoración al Señor hasta casi el amanecer. Luego el presidente de los jóvenes oró y los despidió; yendo cada cual a sus respectivas casas. Mientras el grupo de visitantes en compañía del pastor Isaac, regresaban a la casa pastoral dispuestos a tomar un baño y descansar.

El Miércoles por la mañana continuaron, tan alegres como el primer día, su trabajo misionero. Esta vez no salieron a predicar a las calles, sino que se quedaron trabajando en la ampliación de la Iglesia Misionera "Cristo Viene Pronto" donde pastorea el reverendo Alberto Gómez, sita en el municipio Marianao. Allí, mientras unos trabajan levantando las paredes otros botaban escombros y cargaban el agua para batir la mezcla. Adelantaron el trabajo hasta que ya el cansancio de hacía notar. Ya tarde regresaron a la casa. Después de bañarse y recuperar la energía perdida, fueron a un pequeño salón en la parte de atrás de la casa pastoral, donde meditaron acerca de la palabra.

Por la noche retornaron a la Iglesia del pastor Isaac. El servicio, dirigido por los niños, estaba dedicado a estos. Con su natural candidez, presentaron un drama el cual versaba sobre la parábola de la semilla. Todos los espectadores, de pie, les dedicaron una calurosa ovación satisfechos de la puesta en escena.

El jueves, después del tiempo de oración, el grupo se encaminó hacia la Iglesia del reverendo Alberto Gómez una vez más, donde continuaron trabajando en las labores de ampliación que allí se desarrollaban La abuelita Martha y otras mujeres se adicionaron a la labor, pintando las paredes y organizando el jardín. En la tarde, extenuados, regresaron a la casa pastoral que les acogía. Al llegar, Juan, de inmediato resolvió tomar un baño reparador que le restableciera la energía invertida. Finalizado éste, disfrutó de una exuberante cena criolla digna de un devoto hijo de Dios. Luego de la cena, observó durante un tiempo la televisión esperando digerir un tanto el excesivo alimento que en su estómago se alojaba. Cuando se sintió dispuesto se retiró a su habitación, oró y exhausto se fue a descansar.

El viernes en la mañana, ya casi concluyendo su viaje misionero en Cuba, salieron nuevamente a las calles a predicar el mensaje de Dios. Era algo increíble lo que estaba sucediendo con éstos jóvenes. La multitud se detenía al escucharle hablar, le hacían preguntas aunque su Español no era muy bueno y su acento se hacía notorio en medio del público que los escuchaba. Pero esto no era ningún impedimento para ellos, al contrario, continuaban muy persistente su labor misionera por las calles de la bella ciudad capitalina.

En la noche, el culto fue especial. Todo comenzó muy temprano. Los hermanos habían organizado una actividad de despedida para el grupo visitante. El devocional fue corto, pero cargado de unción, el pastor Isaac predicó un breve mensaje acerca del segundo viaje misionero del Apóstol Pablo, Hechos, capitulo 15. Al finalizar, todos los integrantes del grupo de Juan y Tyho pasaron al frente y cada uno, agradecido, dio gracias a Dios de forma individual. Luego se trasladaron a la casa pastoral para participar en esa actividad que se preparó para  festejar la despedida. Hubo una cena gigante con múltiples platillos preparados por diferentes hermanos para compartir con el grupo de anfitriones; los cuales estaban muy agradecidos de poder compartir la palabra de Dios y exponer las experiencias que tuvieron en común durante este viaje. A la media noche terminó la actividad. La abuelita Martha de forma general agradeció a la Iglesia por su apoyo y colaboración para con ellos. En un ambiente lleno de amor y cariño, se despidieron cantando la canción "Cristo te necesita para amar". Durante la despedida muchos lloraron de tristeza porque el grupo debía regresar a su país. Otros, de alegría porque habían podido compartir con ellos nuevas experiencias.

El sábado en la mañana el pastor Isaac, su familia, el grupo de visitantes y hasta el perro Yony salieron de la casa a compartir, visitando entre otros interesantes lugares, El Parque Zoológico. Catherine, Joel Daniel, Juan, Tyho y Yony se separaron del grupo y salieron a pasear, pues era ese el único momento que les quedaba para estar juntos como hermanos en Cristo y amigos. Visitaron muchos lugares dentro del área del parque. Disfrutaron de la bella naturaleza, tomaron helado y compraron algunas confituras. En la tarde regresaron a la casa pastoral. Al llegar se pusieron a conversar como en familia, rememorando los encantadores momentos que

unidos vivieron durante su estancia en Cuba y el que pudieron compartir con muchos amigos y hermanos en Cristo. A las 9:00 de la noche se despidieron para dormir dado que al día siguiente, temprano en la mañana, saldrían hacia el aeropuerto para desde allí realizar su viaje de regreso a los Estados Unidos.

El domingo por la madrugada después del culto de oración, ya preparados para salir rumbo al aeropuerto y reunidos todos en la sala de la casa, Tyho señaló:
—El trabajo fue muy fuerte pero valió la pena.

— ¡Claro que valió la pena! —Exclamó la tía Sara— pues encontramos miles de hombres, mujeres, jóvenes, y especialmente niños, que a pesar de vivir tiempos muy difíciles trabajan para la obra de Dios.

Luego Juan se puso de pie y expresó:

—Nuestro Señor necesita verdaderos obreros que trabajen para él y que sean capaces de sacrificar su tiempo. No importa que sean niños, jóvenes, adultos o ancianos, lo más importante es que todos podamos trabajar y aportar ideas, métodos y encontrar soluciones para conseguir otras almas para El Señor. ¡Demostraremos que si podemos lograrlo!

Juan agradeció al grupo que lo acompañó durante esta misión, y dando gracias al Señor dijo:

—Que la bendición de Dios caiga sobre cada uno de nosotros. —y agregó— Que Dios bendiga en abundancia a nuestro hermano y amigo Tyho, pues renunció ir a su país a visitar a su familia para unirse a nuestra misión.

Ya en el avión camino de regreso, extenuados todos, se sumieron en un profundo sueño. En tanto, sus caras alegres delineaban un gesto de complacencia y júbilo por el deber cumplido. Y mientras esto sucedía, el todo poderoso y omnipresente desde el cielo les observaba con una sonrisa de satisfacción y orgullo.

De regreso, en el aeropuerto de Canadá, Benjamín se dirigió al parqueo para recoger su Camioneta y regresar a los Estados Unidos donde continúo con su labor diaria en la obra del Señor. Cumpliendo lo que dice la palabra de Dios;

**Entonces dijo a sus discípulos:**

**A la verdad la mies es mucha,**

**mas los obreros pocos.**

**Rogad, pues, al Señor de la mies,**

**que envié obreros a su mies.**

*San Mateo Capitulo 9 versículos 37 y 38.*

Para Juan este viaje causó un gran impacto en su vida, ya que era la primera vez que tomaba muy en serio el llamado del Señor. El pudo entender que cuando el Señor nos llama para trabajar en su obra, ya sea a través de su palabra, sueños o revelaciones debemos decir; heme aquí Señor; pues su palabra es fiel y verdadera y el nos respalda siempre con ella. Deseoso por testificar cuan grande es el Señor y como se glorifico durante su misión en Cuba, se presentó en la Iglesia muy alegre y sonriente testificando acerca del pueblo Cubano y de la misericordia de Dios para con ellos. Pues a pesar de la crisis que vive el país, el pueblo de Dios ahí presente trabaja arduamente días tras días para mantener firme la obra del Señor. Cumpliéndose la escritura:

**El respondió y dijo: Escrito esta:**

**No solo de pan vivirá el hombre,**

**sino de toda palabra que sale**

**de la boca de Dios.**

*San Mateo, Capitulo 4, versículo 4.*

Lleno de energía se alistó para continuar con la obra del Señor.

Juan es respetuoso y muy querido por todos; es el único varón en el departamento de jóvenes de su Iglesia. Además, con mucho entusiasmo participa en todas las actividades, dirige las alabanzas en su departamento y cuando se le asigna para dirigir algún evento en especial, lo toma con mucha seriedad para que todo salga perfecto. Busca de la presencia de Dios y escudriña las escrituras para que el Espíritu Santo se manifieste y tome control de todo lo que tiene que ver con su vida terrenal y espiritual. Es inteligente y estudioso. En su tiempo libre practica y participa en competencias de Taekwondo obteniendo, en algunas ocasiones, medallas de oro y plata. En el futuro le gustaría estudiar criminalística. Es apasionado de la alta cocina por lo que le gusta ejercer función de chef. Al regreso de este viaje, participó en el "Festival Hispano" que se celebró por segunda ocasión en el Ministerio Hispano del Norte con el objetivo de recaudar fondos para continuar con la obra del Señor. Destacándose así por su carismático método de trabajo que utilizó para atraer a las personas que deseaban comprar los productos y alimentos que se vendieron en su área de venta. Le gusta Jugar con los niños aunque en ocasiones suelen hacerle algunas travesuras.

Con relación a su hermano en Cristo y buen Amigo Tyho podemos argumentar que al regresar de este viaje misionero sus padres fueron a vivir a otra Ciudad en el estado de Nueva York, pero continúan comunicándose. Para este pequeño siervo del Señor este viaje fue una experiencia más en su vida. Conocer a Cuba, su gente, como viven, su lucha, su manera de ser, pensar y actuar fue algo impresionante. Él es el mayor de sus cuatros hermanos nacidos y criados en "El Evangelio de Dios". Su deseo es llegar a ser pastor, tener su propio rebaño, apacentar sus ovejas, darle de beber y de comer. Es obediente a la voz del Señor y dedicado a rebuscar sus escrituras, adquiriendo cada día conocimiento de la palabra y sabiduría de parte del Señor. Habla sin temor acerca del Evangelio. En su Iglesia se ocupa de hablarle a los niños de temas tales como obedecer a sus padres y estudiar todo lo que tiene que ver con las sagradas escrituras. Le gusta cantarle al Señor y toca la batería por lo que no descarta la posibilidad de un día ser un Ministro del Señor a través de ese Ministerio.

La abuela Martha dedicada desde niña a la obra del Señor, posee extraordinarias cualidades como madre, esposa, amiga y como mujer es un ejemplo a seguir; por lo que en el año 2007 fue elegida

"Madre de la Ciudad". Continua pastoreando en su Iglesia el rebaño que hace muchos años el Señor depositó en sus manos. Cuida celosamente de él. Es una fiel colaboradora en cualquiera de los Ministerios del concilio y de su Iglesia.

Benjamín, siervo fiel del Señor, preocupado por el campo misionero y el servicio a los misioneros, tiene entre otras funciones, el de Tesorero, Diacono y Maestro de los caballeros en la Iglesia donde pastorea la abuela Martha.

Sara, es una sierva muy humilde y abnegada al servicio del Señor con muchos conocimientos acerca de su palabra. Es la secretaria de la Iglesia la cual pastorea la abuela Martha y es fiel colaboradora en servirle a los misioneros del Señor que día tras día luchan por llevar las buenas nuevas del Evangelio de Dios.

Antes de concluir debo señalar, que a partir de este viaje misionero muchas personas en la Isla principalmente Jóvenes, se han convertido al Evangelio. Ellos están trabajando en condiciones muy difíciles para continuar la obra misionera y llevar las buenas nuevas del Evangelio a todos los rincones del país; ya que la misión de Juan y los demás miembros del grupo, causo un impacto muy grande en el pueblo de Dios. También debo aludir que estos dos grandes y fieles amigos se han encontrado nuevamente y juntos a un grupo de hermanos de diferentes concilios, están preparando otro viaje misionero. También están recaudando fondos para llevar ayuda humanitaria a uno de esos países que fueron desbastados recientemente por el Huracán Gustavo.

# MENSAJE DE AUTOR

Niños, jóvenes y ancianos como estos, son los que se necesitan en estos tiempos para trabajar en la obra del Señor.
Jesucristo dijo:

**Id, pues, y aprended lo que significa:**

**Misericordia quiero, y no sacrificio.**

**Porque no he venido a llamar a justos,**

**sino a pecadores, al arrepentimiento.**

*Mateo, capitulo 9, versículo 13.*

La misericordia de Dios esta sobre nosotros cada día y aún mas cuando son niños como Juan y Tyho, que no les importo sacrificar sus vacaciones para llevar acabo la obra de nuestro Señor Jesucristo. Aprendamos de esta historia para que nuestras vidas sean mejor.

Personalmente doy gracias a Dios por su inmensa misericordia, me ama, es mi amigo fiel y verdadero.

# REFERENCIAS BIBLICAS

Estas citas Bíblicas fueron tomadas de:

1. La Santa Biblia.
2. Antigua versión de Casiodoro de Reina. 1569, revisado por Cipriano de Valera 1602.
3. Otras revisiones 1862,1909 y 1960. Con referencias revisión 1960.
4. Efesios: 5:14
5. Lucas: 18:16
6. Joel 2: 28
7. Marcos: 16:15
8. Juan: 16:23
9. Filipenses: 4:13
11. Romanos: 12:5
12. Hechos: 13
13. Hechos: 15
14. Mateo: 9:37 y 38
15. Mateo: 4:4
16. Mateo: 13
17. Efesios: 6:11, 12,16 y 17
18. Jeremías 1:6, 7, 8 y 9

# BIBLIOGRAFIA

AGUIRRE, MIRTHA: Lectura 2do Grado, Ed. Pueblo y Educación, Cuba, 1986 p. 57.

COLECTIVO DE AUTORES: Geografía Física de Cuba Octavo Grado, Ed. Pueblo y Educación, La Habana, Cuba: 1990. p. 25, 26, 27 y 28. , ilust.

COLECTIVO DE AUTORES: Atlas de Cuba, Ed. Academia de Ciencias de Cuba, La Habana, Cuba: 1970. 132 p. : chiefly ill., col. maps ; 49 cm.

SHAPIRO, Lawrence E. La inteligencia emocional de los niños, Ed. Javier Vergara Editor S.A. Bs. As. Argentina 1997.

## Notas:

Printed in the United States
By Bookmasters